숲에서 길을 묻다

우종예 제3시집

오늘의문학사

숲에서 길을 묻다

| 작가의 글 |

향기 나는 글밭에 한 땀 한 땀 수놓으며 일상에서 불현듯 스쳐 가는 삶의 숨결을 모아 나열하는 것들이 느지막이 제 인생에 싹을 틔우고 봉오리를 피워 열매를 맺는 것이고, 이 또한 가을날 결실이라 믿고 싶습니다.

글을 쓰는 사람이라면 잘 익은 과일을 예쁜 그릇에 담아보고 싶겠지요. 보이지 않는 작은 밀알이라도 찾아 많은 이들과 함께 공유하고 싶습니다.

자연 속에서 빚어낸 아름다운 매 순간 소중한 의미로 다가오는 소박한 이야기들을 시의 언어와 감성으로 풀어내어 세상으로 향한 따뜻한 마음과 기대, 위로와 안식을 주고자 바람 불고 비 오는 날에도 작은 씨앗에 설레는 마음과 부끄러운 마음을 한 톨 한 톨 넣어 귀 기울이며 3집을 펼쳐 봅니다.

언제나 곁에서 버팀목이 되어주고 시의 소재가 되어주는 고운 정원 가족들에게 깊은 감사와 시에 목마르던 시절, 처음 시의 세계로 이끌어주신 은사님이시자 3집을 준비하는 동안 많은 가르침을 주신 백운복 교수님께 특별한 감사의 마음을 전합니다.

그리고 출판을 맡아 반듯하게 빚어 주시느라 애써주신 리헌석 이사장님을 비롯하여 임직원분들께도 깊이 감사드립니다.

| 목차 |

작가의 글 • 05

제1부 장 담그는 날

아버지와 불섶의 삶 • 13
여보게나 노인을 아는가 • 14
손끝에 물든 봄 이야기 • 15
동화 속 하늘 마당에는 • 16
어항 속의 고기들 • 18
들기름 짜러 가는 날 • 19
장 담그는 날 • 20
항아리 엄마 • 22
한 줌 빛에서도 • 23
영혼을 깨우는 노모의 손길 • 24
여름날 풀섶들 이야기 • 26
애기 나무와 할머니 • 28
하늘 위에 요람 • 29
일상을 덜어가는 봄 • 30
할아버지의 나뭇짐 • 31
인생이란 그런 거야 • 32
나의 잣대는 어느 것인가 • 33
추억 남겨진 다랑논 • 34
하얀 얼음 나라 • 36

제2부 가을, 끝자락에 만나다

곱게 물든 단풍잎 하나 • 41
당신에게 드리는 회신 • 42
맏형의 독백 • 43
가을, 끝자락에 만나다 • 44
언덕 위 하얀 낮달 • 45
옆집 오동이와 은행이 • 46
꽃샘추위 • 47
고만고만 모여 사는 사람들 • 48
마음에서 피어난 행복 • 50
갈무리 • 52
핑크빛 단상 • 53
너와 나의 시작 • 54
강아지풀 • 55
바람의 숨결에도 • 56
밀물과 썰물처럼 • 57
3월 하늘 우러러보며 • 58
젊은 날 나의 자전거길 • 59
병실의 3일째 되는 날 • 60
섣달그믐 날 • 62
눈빛이 흐려지는 이유 • 63

제3부 길 따라 흐르는 물

삶은 흐르는 물처럼 • 67
마음의 텃밭 • 68
디딤돌 • 69
모래 위에 앉은 홀씨 • 70
백세 고지를 오르는 사람들 • 71
아름다운 에움의 길 • 72
굴렁쇠 여행 • 73
잔영의 모습들 • 74
가을은 씨앗 방인가 • 75
엄지발가락 • 76
너와 내가 그러하다 • 77
가는 세월 멈출 수 있다면 • 78
가을에 물든 인생 • 79
산울림에 그리움 하나 • 80
너무 늦었잖아요 • 81
하늘은 말 씨름장인가 • 82
하얀 마음을 심는다 • 83
그림자와 나 • 84
길 따라 흐르는 물 • 85
사월 끝자락에 서서 • 86
괜찮아 • 88

제4부 귀뚜라미 일기장

들꽃의 모험 • 91
열애 • 92
되돌아보는 여정 • 93
쑥이라는 이유로 • 94
한겨울의 멜로디 • 95
혹한에도 그리움 꽃은 핀다 • 96
술래는 세상을 볼 수 있다 • 97
화양연화 • 98
민심의 소리 • 100
해님과 눈송이들 • 101
노란 선율을 따라 • 102
귀뚜라미 일기장 • 103
빗방울 놀이 • 104
피사리 • 105
꽃망울, 인연 따라 피어난다 • 106
봄나들이 • 107
아름다운 이야기 속으로 • 108
해바라기 • 110
시월의 행렬 • 111
라일락 파란 생애에 • 112
숲에서 길을 묻다 • 113

제5부 시 한 편 속에서도

꽃등 • 117
보리수 • 118
시 한 편 속에서도 • 119
고드름 • 120
아미산, 매곡산성 • 122
누런 황소와 구름밭 • 124
오십보백보가 아닌가 • 125
넉넉한 숲속의 일상들 • 126
역동의 소리를 듣다 • 127
바람의 손과 초록 나비 • 128
농부의 아내 • 129
너와 내가 공유한다는 것은 • 130
동백꽃 • 131
사랑의 회초리 • 132
유유히 흐르는 강물처럼 • 133
하늘이 호수에 담긴 날 • 134
마법에 걸린 피반령 • 135
가을인가 봐 • 136
기다림의 아침 • 138
저물어 가는 하늬바람 • 139

작품 해설 _ 백운복 문학평론가 • 140

제1부

장 담그는 날

아버지와 불섶의 삶

후끈 달아오른
삶의 불섶을 지고
생활의 터전을 찾아

이 길 저 길 넘나드시다
재를 넘어오시는 아버지
고갯길 아래에서
옹기종기

별빛 헤아리며
까만 눈들이
초롱초롱 기다린다

껄껄 웃으시며
힘차게 걸어오시는
휘파람 발걸음 소리,
차박차박.

여보게나 노인을 아는가

은빛이 내려앉은
노인의 마음 아는가

슬금슬금
구부러져 가는
몸일지라도

매일 밤 토끼 세 마리
품 안에 들어와
콩콩대며
한바탕 놀고 나면

가슴 깊은 곳에선
샘물 펑펑 솟아
수심 깊어진 바다에
세월도 고단함 뉜다오.

손끝에 물든 봄 이야기

맛깔나는 손맛에
쑥 내음이 폴폴
군침 도는 날이면

봉긋이 언덕에 올라
따사로운 햇살
한 줌 들이며
쑥 향기 듬뿍 담아온다

쪼그려 앉은
내 손끝 사이로
어머니 잠시 머무르시며
봄 이야기 조근조근,

보드레한 선율 따라
아낌없이 물드는
연둣빛 봄날이네.

동화 속 하늘 마당에는

파란 마당에서
구름을 흩어 놓으며
사내아이
부산하게 뛰어논다

가슴은 풍선 되어
훨훨 날아오르고
얼굴엔 고양이 한 마리
들락날락,
마냥 즐겁기만 하다

엄마가 돌아올 때쯤,
황소도 양떼들도
너나들이 웃음 짓고
삐약삐약 병아리도
서둘러 불러 모아
감쪽같이 놀이방에 술래가 된다

말끔히 치워진
하늘 마당은
시치미를 떼며
방긋이 웃고 있다

해님도 등 뒤에서
쨍쨍, 활짝 웃음 폭죽 터트린다.

어항 속의 고기들

엄마랑 나랑
어항 청소하는 날

엄마가 자리 비운 새
뚫어진 수멍으로
고기들은
신비의 세상인 듯
앞다투어 빠져나간다

낭떠러지가 나오고
돌 틈에 끼고
물길이 사라지면
더 이상 갈 수 없는
길이란 것을 난 보았다

엄마의 나지막한
목소리가 들린다
"물을 떠나지 말라."

들기름 짜러 가는 날

엄마는 들깨 두어 말 이고
나는 병 두 개를 들고
쫄랑쫄랑 따라나선다

벼르고 별러 사 주실
꽃신 속 나비가
나풀나풀 춤추는 날

자판 위의 과자
냉큼, 침 발라 꿀꺽하고
꼬부랑 먹티고개 넘어서면

설레임 가득한 오일장
이것저것 사 달라
눈 큰 아이 마구 떼쓰면

깊숙이 닫혔던
엄마 속주머니 춤추듯이
장터 구경 나온다.

장 담그는 날

모나지 않은 세월과
보름달 쉼터
동그란 장독대에는

할머니 항아리
어머니 항아리
내 항아리도 반들반들

검지로 장맛을 찍어 보시고

할머니랑
어머니랑
저 세상 비법 내놓으신다

들쑥날쑥한
내 장맛도
깊은 맛이 들으려나

대대손손 잇는
향긋한 고유의 색채
구수하고 은은한 맛도

살그머니
손 없는 날 덧칠해 보며
보고픔의 향취,
품 안에 들인다.

항아리 엄마

한평생
그 자리에 서서
기다리는 인생

무덥지만 시원하고
춥지만 따뜻하고
무겁지만 가뿐한 인생!

항아리 속에
가두어져 늘
두리두리한 허기진 삶,

그늘진 배 보이지 않고
활처럼 굽은 등만이
석양 물빛에 도드라졌네.

한 줌 빛에서도

바위 할아버지
전래동화 속에서
꿈 키웠던 소년 자작나무

거침없이 쑥쑥
하늘 향하여 오르면서
윗동네는 공기도 다르고
여의도가 보인다며 우쭐댄다

태풍이 오던 날!
반쯤 기울어진
초췌한 모습으로

먼 산 바라보기 된
할아버지 등에 기대여
길게 토해내는
안도의 숨결 소리

먼지에 겹겹 쌓인
기억 속
이야기책 뒤적이며
희망이란 재회를 꿈꾼다.

영혼을 깨우는 노모의 손길

햇살은
겨울 구름 밀치고
창문 사이로
온기를 안고 온다

깃털보다 가벼운 먼지
마음 붙일 곳 없어
떠돌다
흐르는 시간 위에 무게 싣는다

동지섣달 세찬 바람
문풍지 더듬던 노모의 손길
흐려진 기억
하나하나 붙잡아 보며

정결한 칼질 소리에
냉이된장국 뽀글뽀글
입맛 돋우니

빈집 떠나지 못한
바람이 된 영혼들!
대청마루 둘러앉아
박장대소
용마루도 껄껄 어깨춤을 춘다.

여름날 풀섶들 이야기

숭덩숭덩
작두에 썬 풀섶들로
떠들썩
앞마당 한켠에는
산봉우리가 생긴다

아버지는 바지를
동동 걸어붙이시고
끙끙
소시랑으로 뒤집으신다

풀들은 몸을 낮추고
모락모락 피어오르는
속삭임에 젖어
한 몸 되어 잘박잘박

아버지가 가시고
향기 가득한 두엄 탕
들녘의 꿈들이
추억 속에 가두어진 곳

홀로 남겨진 호두나무
옛이야기 꺼내며
그리워서일까
뚱하니 볼멘소리네.

애기 나무와 할머니

숲속의
애기 나무가
불러 세우며 묻는다

하늘을
언제쯤이나 볼 수 있을까요?

글쎄다
엉아들 틈새를
비껴가면서 열심히 사노라면
눈부신 하늘 볼 수 있겠지

허지만
에워 둘린 형님들 나이가 되면
세상 풍파와 맞서 자신을 지키고
가족을 돌봐줘야 하는
무거운 책임이 따르지.

하늘 위에 요람

파란 하늘은
엄마의 요람이다
고달픈 일상을 뉘면

품 안에서
살랑살랑 흔들어
아가를 잠들게 하듯이

안온함에
시름마저 구름에 접고
콩닥콩닥
설레는 박동 소리,

미지의 꿈속
세상으로
힘차게 창공을 가른다.

* 2023년 9월 30일 호주행 비행기 안에서

일상을 덜어가는 봄

복사꽃 필 때면
가슴 뜨겁던
복숭아나무,

언제부터인가
처진 가지에
가뭄에 콩 나듯
꽃들이 보이면서

여보게
밥값 못하는 것은
나와 매한가지 아닌가?
지나던 할머니 혀를 끌끌 차신다

젊음 가리고
일상을 덜어가는 봄,
앞서거니 뒤서거니 하는
그림자도 없는 그림자였네.

할아버지의 나뭇짐

산천을 넘나드시며
애환을 감내하신
굳은살들이
지금쯤은 풀리셨겠지요?

삶이 무겁고
높아질수록
낮추어지는 것은
지탱하고자 하는
지혜이기도 하겠지요

쌓아 올린
나뭇짐에
활처럼
구부러지신 할아버지,

무지갯빛 혼신으로 다가옵니다.

인생이란 그런 거야

아기가 직립을 배우면서
삼천 번을 넘어지고서야
아장아장 걷는다

엉덩방아를 찧고
또 찧으면서 두 주먹을
불끈 쥐고 일어선다

인생이란 그런 것이야
멀고도 넓은 바다에서
때로는 고통의 항해란다

어려울수록 포기하지 말고
엄마 젖 먹던 그 힘을 다하여
힘차게 일어나 툭툭 털고
또 가면 되는 길이야.

나의 잣대는 어느 것인가

손 빠른 윗집 새댁
복숭아 사과 봉지
갑절이나 더 잘 싼다고

때때로 며느리에게
화두로 건네신다
시어머님, 부러움의 잣대가

먹는 것을 즐기는 남편
늘 밥상머리에서
음식의 찬에 진미가 드러난다
입맛에 맞춰진 자신의 잣대가

며느리의 잣대는 무엇일까?
섬기는 잣대인가
가족들이 기대하는 잣대인가

어쩜 이것과 다른
또 다른
며느리의 잣대는 있을 것이다
일평생 침묵하는 잣대가.

추억 남겨진 다랑논

나 어릴 적
아버지가 심은
나무 한 그루
다랑논을 찾아간다

논 가시는 아버지
쩌렁쩌렁한 소 모는 목소리도
고시네 부르며 새참 맛있게
드시던 꿈나무 그늘도
이미 묵논이 돼 옛 모습은 간 곳이 없다

얽히고 엉긴 드렁칡과 다래 넝쿨
본래 주인인 양
틈새마저 내주지 않는 곳
그들 지상낙원에서
지난날 한 줌 그리움이라도
기억해 주는 이가 있을까?

흐르는 세월 속에
자연의 힘과 인간의 나약함
덧없음을 느껴 보면서

내 앉았던 자리에는
윤회의 인연 따라
과연
십 년 후
어떤 모습들이 다가오고 있을는지.

하얀 얼음 나라

나무도,
가가호호 집들도
두툼한 하얀 모자를
푸욱 눌러쓰고 있다

카메라 앞에선
의연한 모습들이지만
그들의 머릿속엔
고난의 차디찬 얼음 속

살을 에는 추위와
삶의 무게가 그리 버거워
등이 꺾이고
구부러졌는가?

겨울을 보내면서
생명의 존엄성을 배우고
그들은 사투를 벌인다

허리 한 번 쭉 펴보는 세상
봄이 오고 나서야
비로소 선택받은 자만이
파란 여름을 준비하겠지.

* 2023년 2월 삿포로에서

숲에서 길을 묻다

제2부

가을, 끝자락에 만나다

곱게 물든 단풍잎 하나

이리저리
나뒹구는 나뭇잎들
하나하나의 염원 속에

빨간 단풍잎 하나!

한줄기
생명체를 부여잡고
홀로 나부낀다

하얗게 서릿발 내려도
부질없는 그 마음
내려놓지 못함은
예나 다름이 없구려.

당신에게 드리는 회신

떠난다는
낙엽의 편지
수없이 받았어도
답장을 드릴 수 없군요

바람 따라
먼 길 다니다
양지바른 언덕에
정착했다는 전갈 받으면

하얀 민들레 홀씨 되어
훨훨 날아가고 싶으오

봄날이 오면
부엽토 향기로움에
당신의 꽃밭에도
웃음꽃 만발하겠지요.

맏형의 독백

한 장 한 장
텅 비워진 자리
아우들이 보고파
먼 산을 바라보는 12월 맏형,

가뿐한 두 어깨와
쭉 펴질 것만 같았던
몸과 마음도
어느덧 서산마루에 기대어

보드레한
작은 바람에도 일렁인다

하얀 겨울은
다정하게 손짓하거늘
노을은 붉게 물들어 재촉하네.

가을, 끝자락에 만나다

이른 아침
들숨날숨 이며
산책길에 나선다

시릴 듯한
창공의 기라도 받을 듯
발걸음 차박차박
언덕에 올라

바람결에
흩날리는
단풍잎 하나!

얼른 잡고 보니
아! 세월이구나!

언덕 위 하얀 낮달

세월이
수억 년이나 지났어도
새록새록 그 한 사람

애잔한 그리움 때문에
달님은
하얀 낮달이 되었나요?

들국화도
유난히 반기던
그때, 그 언덕 위의 사랑!

수줍게 피어난
그녀의 해맑은 웃음소리
아직도 그 향기 그대로인 듯하여,
온종일 서성이는가 봐요.

옆집 오동이와 은행이

노오란 가을을
꿈꾸는 은행나무
옆집 오동이 측은한지

오동아!
고운 옷 좀 입어 볼래?
환한 트렌치코트 어떨까?

대꾸 없는 오동나무
막차는 벌써 떠났어도
정거장 불빛에
눈 시리도록 떼지 못한다

집 나간 아들 걱정
그리움에
돌 같은 마음만
한 잎 두 잎 뚜욱 뚜욱.

꽃샘추위

이젠
살았구나!
안도의 긴 숨을 내쉰다

고운 햇살에
기지개 쭉 펴는
뒤뜰, 매화나무 꽃가지들

해마다
아픔을 겪는 꽃샘추위
한 번쯤이라도
그냥 갈 수 없는 걸까?

고만고만 모여 사는 사람들

먼저 온 파도가
해안가에 닿아
여정을 벗어나려 애써본다

밀려오는 포말
반가워라, 어깨를 치며
모두 얼싸안는다

목적지에
먼저 닿았다 해서
삶의 그 자체가 우선순위는 아니다

일등도 이등도
등위를 벗어난 벗들이 없다면,
어찌 전진할 수 있으리오
어우러져 고만고만 사는 것이
인생이거늘…

청천벽력
해일이라도 밀려온다면
거센 바람도 요동치며
한 세대가 밀려오고
한 세대는 비워야 하겠지

모두 얼싸안는다.

마음에서 피어난 행복

개미들 노동하는 모습도
사마귀 짝짓는 모습도
봄이면 열애 중인 새들의 모습도
볼 수가 있어 행복합니다

푸르른 여름을 지나
단내가 물씬 나는 가을날!
빨갛게 익어가는
사과와 홍시
맛 볼 수 있어 행복합니다

수줍은 듯 얼굴 붉히는
대추알 들여다보며
풍요로운 마음 있어 행복합니다

쑥쑥 자라는 손주들
품에 안아 볼 부비며
온기의 사랑 때문에 행복합니다

세상을 맛보고
바라보며 느끼면서
공감할 수 있어
나는, 아직 행복합니다.

갈무리

온 누리가
하얀 서릿발로
덮어지는 날이면

키가 큰 너나
키 작은 나나

빛깔 고와
선망에 오르던 너나
자신이 없어
매 비켜섰던 나나

때가 되면
모두가 똑같을진대…

한평생,
쉼 없는 세상
아웅다웅 살았나.

핑크빛 단상

임자 없는 하늘
땅이라고
부지런히 줄긋기해 보며
모래성을 쌓았던
핑크빛 꿈이었을까

큰 갑부 자금줄로
불도저 태양
굉음 소리 내며
요란스럽게 밀고 올라온다

씨앗들은
낟알 한 톨
묻히지 못한 채
혼비백산 흩어진 여정이었지만

어디선가
옛이야기 싹 틔우며
멈춤 없는 꿈을 펼치고 있겠지.

너와 나의 시작

활짝 웃는
그녀가
뜨겁게 다가와

꼭, 안아주고 싶었지만

내 가슴
눈물 자국
얼룩이라도 남길까

나는
얼른
뒷모습을 보인다.

강아지풀

강아지풀 꺾어
간질간질
짓궂게 굴던 소꿉동무야

안부마저
묻지도 전하지도
못하는 길
저 강물 위로 일상을 떨구고

두 손에 꼭 쥐어진
강아지풀,
이승의 선물인가.

바람의 숨결에도

길모퉁이
귓불 스치는
바람의 숨결에도

살금살금
뒤쫓는
내 발자국 소리

감빛 노을에
울컥!
그리움 부르는 목멘 소리

잎을 다 떨군
나뭇가지에
마른 눈물 훔치며
가을이 가는 절규인가 봅니다.

밀물과 썰물처럼

모진 세월 지나고
빈자리에
잎들을 들이면서
붙박이가 아닌,

밀물과 썰물처럼
환호성 소리
들리는가 싶더니

슬픔이 훑고 간 자리에도
그윽한 향기는 담금질한다

윤슬처럼
잉태한 봄날에
되새김질해 보는 노을.

3월 하늘 우러러보며

두렵지도
아니하셨습니까?
애띤 나이에
그리 우렁찬 삼월 하늘을
여셨나이까?

비록, 당신은
인생의 꽃은 피우진 못했어도
누구도 함부로 꺾을 수 없는
장엄한 역사의 꽃을 피우셨나이다

자손만대가 기미년 가슴 벅참을
상기시키며 만세를 불러보는
이 땅의 외침으로
그날이 메아리쳐 옵니다.

젊은 날 나의 자전거길

따뜻한 믿음 때문에
얼굴마저 등에 기대어
안주하며
지나간 길도 앞으로의 길도

일평생
그렇게 달려가는 줄
알았던 나의 자전거길

언제부터인가
앞길이 궁금해졌다
앞사람이 잘 가고 있는 건가
두 갈래 길에서
갈등도 있었지만
마음은 또 하나가 되어
미로의 여정은 끝없이 이어진다

가끔은 줄다리기
밀고 당기고 해보면서….

병실의 3일째 되는 날

한줄기 빛이
들어오는 듯하여
오랫동안 응고된 일상들이
조금씩이라도 물이 되어

눈물로 흐르려나
눈가에는
뜨겁게 붉은 기가 감돈다

내 너를 누르며
참으라 참으라
차곡차곡 쌓아만 놓았지

달래고 풀고
녹여줄 줄은 몰랐었구나!
이제서야
시린 발을 어루만지며
너를 살펴보다니

세월이 곁에서
이참에 거절해 보는 것도 받아들이라고

시린 냉기 벗어나
따뜻한 온기로
귀환해 보라 한다.

섣달그믐 날

한 젊은이를 만났다
등 뒤에서 어깨를 감싸며
부끄럼 없이
손바닥을 펴 보인다

시퍼렇게
멍든 손마디를 들여다보며
아무런 주저함도 없이 당당히 말한다
맡겨진 삶에 성실했을 뿐이라고

이구동성으로
고생했노라 장하다
아픔과 즐거움
함께 노래하는 이웃 사람들!

박수갈채 이어지고
진솔한 두 어깨가
고향 산천 보석 같아라

덩그러니 묻힌
부모님이 생전에 계셨다면
얼싸안아 주셨겠지.

눈빛이 흐려지는 이유

새봄이 온다기에
창밖을 보니
파란 아우성에
온 세상!
밤잠을 설치는 밤인가 보다

웬일인가
설레임 속에
눈빛이 흐려지는 까닭은

조금씩 조금씩
본향으로 가는 길이
가까이에 온다는
순간을…

순자도
복희도
우리들 가슴속에
이미 자리잡고 있기 때문인가

귀성길 거북이 행렬처럼
그렇게 오면 좋을 텐데 말이야.

숲에서 길을 묻다

제3부

길 따라 흐르는 물

삶은 흐르는 물처럼

가을은 풀풀 들이고
달빛도 가슴에 젖어 들어

귀뚜라미
삶을 노래하는
애잔한 밤이여!

세월도
운명의 무게도
낡은 신발 버리고 가듯
홀연히 떨어내지는 못하겠지요

하얀 눈 위에
무심코 적어 보는
먼 산에
메아리도 멈춘 그대 이름이여!

설한을 녹이며
계절 바람이 솔솔
한 걸음씩 다가오려나 봅니다.

마음의 텃밭

지긋이 눈 감고 생각해 본다
어떠한 인연을 만났는지

아픈 이별을 남기고 간 인연,
새록새록 묻어나는 그리운 인연,
무심코 스쳐가는 인연

기쁨의 씨앗을 텃밭에 넣어
비옥한 마음으로 토닥이곤
용기를 북돋아
곧게 가꾸어 갈 때

가을 물빛에 젖은
햇살과 바람으로 스며들겠지.

디딤돌

대대손손
이어 온
우리집 디딤돌인가?

고운 뜨락에서
아장아장
차오르는 재간둥이들,

어느새
재잘거리며
설 마당에는
콩닥콩닥 가슴 벅차다

먼 훗날
실한 봉오리 봉긋이 세우며
피고 지고 피고 지고
드넓은 들판 위에도 수놓아질 것이다.

구름처럼 묻어나는 여운
노을빛에 숨겨진 보조개
향긋한 미소도
나는 결코 잊지 않으리.

모래 위에 앉은 홀씨

문전옥답 벗어나
어찌
나는
모래밭에 앉았는가?

오랫동안 머물다
단비에 눈 떠보는 세상,

움쑥움쑥 자라
결실을 맺을 수도
소멸되기도 하지

한 줌 흙을 모아
높이 높이 오르라며
걸음마다 더듬던 어머니 손길,
가슴에는
가르룽가르룽 골골송을 부른다.

백세 고지를 오르는 사람들

한곳에 모인 벗들은
골이 팬 민낯을 보면서
서로 껄껄 웃는다

자네는 어떻게 지내는가?
안부를 물으니
세월 따라 걷고 있네

그래도 걷고 있다니
다행이구먼
난 그냥 바람 부는 데로 가고 있을 뿐이지

한 친구가
자네들은 축복을 받았네
난 세월이 업고 간다네

나의 인생은 내가 걷는 날까지가 아닌가.

아름다운 에움의 길

자라면 자랄수록
오르면 오를수록
시름의 자리는 깊어지거늘…

곧은길이 아니면 어떠한가?
에두른 길이면 어떠하리
높이 오르지 않아도 되는 길,
서둘러 가지 않아도 되는 길

생을 두고 끝까지 가노라면
이 길로 들어선 내가
잘했다
참 잘했어

삶의 끝자락에 서서
넘겨보는 세상이네.

굴렁쇠 여행

씽씽
다시 한번 굴러가 보고 싶다

울퉁불퉁
힘겨웠던
지나간 젊은 날들,

세월 따라 길들여진
동그란
질그릇 하나!
반들반들 윤이 난다

천릿길 만릿길
추억 속 그 길이라면
매끄럽게 달릴 수 있겠지

나도, 지금쯤은.

잔영의 모습들

만월로
잠시 빛을 내다
보름달은
점점 기울어진다

세월이 남기고 간
각양각색 잔영들도
너와 나의 곁에서
그 빛은 사위어가고

고왔던 얼굴에도
삶의 숨결 따라
굴곡진 물결만 깊숙이 파고들어

어머니 품속인 양
돌아갈 줄 모르고 눌러앉네.

가을은 씨앗 방인가

물끄러미 먼 세상을
바라보았던
내 마음 그 눈빛은

나뭇가지에 대롱거리는
나뭇잎을 맴돌며
숨 가쁘던 지난날을 뒤돌아본다

가을은 참 곱기도 하고 얄밉기도 하지

이맘때가 되면
보고픔과 그리움이
산등선을 훌쩍 넘어와 품 안에 파고드는 걸까?

아마도 가을은
젊음 날, 씨앗 방인가 봅니다.

엄지발가락

꼼지락꼼지락
양말 속에서
빼꼼히
내다보는 엄지발가락,

어머니는
호롱불 마주보며
감쪽같이 꿰매 주신다

틈만 나면
궁금한 것이 많아
세상 밖으로 나오던 네가,
다소곳이 있으니
호기심마저 잃었나 보다

너에게도 머무르고 싶은
추억이었겠지.

너와 내가 그러하다

시월 단풍이
곱게 어우러진 산들은
멀리 보아야 색색이 아름답다

너와 내가 그러하다

너도 아니고 나도 아닌
우리들이라는
대중 속 사람들과 소통할 때,

가장 아름답고
가장 반짝인다

아침 햇살처럼 금빛이 되어….

가는 세월 멈출 수 있다면

천하일색이라도
그 향기는 세월에 묻혀
빛은 바래지고
찾아든 이와도 영원하지 않듯이

추위와 세파를
견디지 못한 벌들이
꽃과 나비들만 남겨두고
세상을 먼저 떠나기도 하지

삶을 지켜내면서
간간이 서로의 안부를 묻고
소소한 일상 이야기들로
입가에 늘 사랑이 번진다면

가는 세월도 꼼짝 말라고
"무궁화꽃이 피었습니다"
읊조리고 읊조리며
나는 혼신을 다하여 술래가 되리라.

가을에 물든 인생

드높은 하늘이
펼쳐내는 파란 시간!

내 마음속
연민들이 속삭이며
되새김질한다

구름에 가려진
심안에도
달빛 음률이 살아나듯

너와 나
푸른 별빛 헤아리며
어깨를 나란히 두르던
느티나무 그늘에서
단풍잎 되어 나붓대네.

산울림에 그리움 하나

눈코 입 그릴 듯
애틋한 사람은 아니라도
하나쯤

어쩌면 마음에 심어두고 싶은
그리움일지 모른다

이미 고지가 다른
봉우리에 올라
아득한 잔영의 모습 되어

산울림에
울먹이듯
간간이 메아리치는 소리,
귀 기울여 봅니다.

너무 늦었잖아요

빗님, 왜 이제야 오시나요
한 걸음 앞서 오지 않구요

나의 정원에
민희도 세현이도
피우지 못한 삶 두고
이미 이 세상 떠났잖아요

기다림 이어질 때
발걸음 좀 더
재촉하지 않고요

시린 마음은
그들 흔적을
망연자실 바라만 봐요

모두가 시름에 빠졌잖아요
너무 늦었잖아요.

하늘은 말 씨름장인가

어느 날
오염된 먼지에
하늘이 온통 뿌옇게 되더니

거침없는 목소리와
난감한 말 폭탄들이
이쪽저쪽 한방씩 날아오르고

받는 대로 즉시 또 쏘아 올려
설독마저
눈 따갑도록 품어낸다

파란 하늘에
맑고 고운 마음들,
언제쯤이나 비춰질까.

하얀 마음을 심는다

순백의 세상은
여백을 자랑하듯
끝없이 펼쳐낸다

아련한
추억 속에 묻혔던
시 한 소절!
깊어진 감성은

놓칠세라
숨 고르기 하며
흩어진 마디마디 기억들
불러 모아

하얀 마음을 심는다.

그림자와 나

한평생
없는 듯 있는 듯
늘 함께하는
두 사람의 인생길

걸음 폭이 달라
앞서가고
뒤처지다 보니
때로는 기다림도
북돋음의 다독임도 필요했지

끊임없이 밀려오는 파도
그 얼굴이 같지 않듯이
수많은 사람 속에
오르지 하나뿐인 나는,

누구의
그림자도 드리우지 않는
동트는 아침을
맑고 밝은 내 한 모습을
한 장의 화선지 위에
담아보고 싶다.

길 따라 흐르는 물

흐르는 물은
과거를 묻지 않는다
그저 길 따라 미래를 향해
흘러가는 것뿐이다

고요한 미소로
촉촉한 손길로
사시사철 보듬어 주지만
내가 듣고 싶은 대답은 없다

좀 더 기다리라는
눈짓만
넌지시 보내며
그래도 먼 길 지루한지

가끔 몸을 갸우뚱갸우뚱
뒤집어보면서
뽀글뽀글 물장구치며
세월 가듯
돌아올 수 없는 먼 곳으로
흘러가고 있는 물.

사월 끝자락에 서서

그 곱던 얼굴이
희미하게 보이는 까닭은!

봄바람에
삶의 검불이라도
눈에 들어가서인가

사월 봄은
괴나리봇짐 꾸리고
속절없이
눈물이 앞을 가린다

등이라도 토닥이며
잘 가라고, 말하고 싶으나
뒤돌아보며 발걸음 띄는 모습은
차마 볼 수가 없구나!

다시 돌아왔을 때
낙엽 지듯 꽃잎 지듯
사라진 인연 될까 봐
얼른, 자리를 떨구지 못하는
그 마음도 알아

나를 향한 네 마음도
너를 향한 내 마음도
오랫동안 잊지 못하겠지.

괜찮아

괜찮아
좀 늦으면 어때
실한 봉오리 올리면 되지

지금 소홀했다면
다음에 시작해 보는 거야
아직 좋은 날 많이 있잖아

괜찮아
마음만 꺾이지 않고
올곧게 서 있으면 돼
저기 저 의연한 나무처럼.

제4부

귀뚜라미 일기장

들꽃의 모험

길에 피었다 하여
홀대하지 마

그늘 속에 웅크린
내 모습 애잔하여

길가
시멘트 틈 사이에
뿌리를 내려 보았지

외로움 벗어나
한 번쯤은

나의 열정
뜨겁게
달구어 보려고.

열애

회화나무
가지에 앉았다가
빨간 단풍나무 곁을 맴돌며

새들은
아름다운 모습으로
서로에게 다가가려고
액션을 취해 본다

고운 자태에
훅 달아올랐던
첫눈에 반한 기억마저
살다 보면
그 빛이 희미해질 텐데

긴 세월 함께하는 길
곱고 따뜻한 마음 하나
가슴과 손끝에 담아
섬기듯 그렇게 지내면 되는 것을.

되돌아보는 여정

뜨거운 가슴과 열망으로
오고 가며
혼신을 다해 수놓았던 젊은 날!

지금 돌아가 보니
나의 흔적은
이미 희미해진 지 오래고

긴 세월에
무수히 밟고 지나간 자리,
잡초만 제 세상인 듯 요란하다

생생한
내 기억 속 주머니
곱고 무성했던 뒤뜰은

남겨진 꽃들만이
한 톨 한 톨
씨앗의 꿈을 되새기고 있다.

쑥이라는 이유로

겨우내 움츠리다
실눈 뜨고 보니
몸에 이로운 쑥이라고

소쿠리에 담겨
보송보송
바스락대는 뽀얀 얼굴들

온 가족
온기를 채워주고
끼니를 달래 주었던
보릿고개

곤곤한 삶을
함께 기억하는
선조들의 지혜와 연
끊임없는 이야기들이

그 향수에
지나는 손길마다
봄이 오면 반색한다.

한겨울의 멜로디

침묵과 침묵으로
주고받는
세월의 메시지
그림자처럼 동행하며

깊은 심안에서 흐르는
암반수 같은
목소리에
지나는 바람도 기웃거린다

사람들은
슬프거나 기쁠 때
저마다의 화음으로
가슴 적시며
지친 몸과 마음을 달래 본다

하얀 눈꽃 세상에
숨 고르기 하는 혹한 설움도
콧노래 부르며 날듯이 달려오는
따스한 봄날을 꿈꾸어 보리.

혹한에도 그리움 꽃은 핀다

문풍지 흐느낌마저도
그리움 꽃으로
한 잎 두 잎
피어나는 겨울밤이다

호롱불 마주하며
이야기 전해주시는 어머니!
구성진 자장가에
옹기종기 살 부비며
세상을 익히고 꿈꾸었던 형제들,

유난히 이불 속에 들면
킬킬대던 동생의 모습도

매일 밤
이글거리는 화롯불 군고구마
아버지 구수한 사랑도
어제와 같이 생생한데…

세월의 그림자
끝자락조차도
잡을 수가 없었나 봅니다.

술래는 세상을 볼 수 있다

노랑나비가
노란 꽃밭으로 숨어
감쪽같이
노란 꽃잎 같구나!

기웃기웃 찾아보며
사방으로 훨훨
날아보는 하얀 나비

꼭꼭 숨었던 노랑나비
킥킥
웃음 터트리며
나풀나풀 술래가 된다

흰 꽃이 아닌
빨강 노랑꽃으로
도드라지게 앉은
하얀 나비는

세상을
살펴보며 바라볼 수 있는
술래가 좋은가 보다.

화양연화

사원 삭정이가 되도록
기다린 마음,
눈먼 빈집에는
찬 냉기만 휑하니 감돈다

세월이 두고 간
화양연화에 그려진
빨간 동그라미
어루만지며
회한의 눈물 쏟는다

아버님 버팀목인
누렁 모녀에게
때를 이어주시고
가려운데 긁어주시며
콧노래가 잠든 외양간

더그매에 걸린
코뚜레와 쇠풍경 종
덥석 내 손을 잡으며
"기다렸소, 새댁도 이젠 늙었구려"

눈자위가 붉어진 해님,
서산 오르며
발걸음 멈춰 뒤돌아본다.

민심의 소리

콸콸 흐르던 수로길
또 막혔나 보다

좁아진 수명을
나가려는 몸들이
쿨렁쿨렁
아픔을 호소한다

코로나 오미크론 길이
사방으로 뚫어져
이구동성으로
아우성 그칠 날 없구나!

온 세상
애달아하는 소리
막혀도 뚫려도
깊어지는 민심의 신음 소리.

해님과 눈송이들

해님 얼굴에
눈물 자국 그리고파
오락가락
서성이는 눈송이들

호기심 많은 붓질
요기조기
눈 코 입에는
순백의 꽃이 피어난다

하얀 미소가 드리워진
촉촉함 속에서
작열하게 불태웠던
지난여름
그날들을 뒤돌아보며

잠시라도
내려놓은 듯
두 눈을 스르르 감는다.

노란 선율을 따라

산수유
노란 미소 지으며
노래 부르자 조른다

벤치에 비스듬히 누워
듣는 이가 있든 없든
봄기운에 취해
흥겹게 화음을 넣는다

햇살 가득히 두른
나뭇가지에
나른했던 새들 지저귀고

이산 저산 넘나들며
고운 노랫소리
깨금발 띠고 종종대는 소리

봄바람도 살랑살랑
꽃눈 잎눈 깨우는 소리,
봄 산골짜기마다
향긋한 손짓이라네.

귀뚜라미 일기장

어젯밤에는
이런저런
삶의 보따리 들고나와

창문에 걸터앉아
뚜루루 뚜루루
잘도 풀어 놓더니

지난밤
마음 드러낸
속이야기가
조금은 부끄러운가

이 밤은
달빛 가린 적막강산이네.

빗방울 놀이

바람이 데려온
빗방울이
유리창에 동글동글

까르륵 몰려와
하나둘씩 손잡고
또르륵 또르륵

담방담방 흩어지며 노래를 한다

개구쟁이 꿈들은
신바람 나
온종일 놀고파도
해님이 쨍쨍 숨으라 한다.

피사리

처음부터
나도 모라고
뜨거운 여름날
동고동락하더니

벼 이삭 노랗게 익어
고개를 숙이는데

벼 이삭 아니라고
내 이름은 피라고
때가 되어 머리를 세우는구나

남들이 고개를 숙일 땐
너도 숙여야지

턱을 꼿꼿이 쳐들다
사람들 눈에 뜨여
그만 목이 꺾이고 말아.

꽃망울, 인연 따라 피어난다

무수한 별빛을
헤아리며
설한에 잉태한 꽃망울들,

아무런 움츠림도 없이
한 잎 두 잎 피워내며

흙냄새 폴폴 그리워지고
해산날이 되고 나서야
탐스러운 하얀 목화송이 되어

낙하하는 산고 거듭되면서
힘을 모았다 풀었다
흩어지는 하얀 눈송이들

인연 고리에
얽힌 실타래가 풀린 듯
품 안으로 살포시 안긴다.

봄나들이

수선화!
세상 구경 나왔구나!

머지않아
노란 입을 열어
겨우내
못다 한 이야기들 풀어 놓겠지

돌 틈 사이로
뾰족이 내다보는
앙증맞은 앵초도 만나

네 얼굴 예쁘니
내 얼굴이 고우니
시샘도 해 보면서

고운 정원에는
해님의 익살스러운 눈살과
함박 웃음꽃으로
한동안 조잘조잘하겠지.

아름다운 이야기 속으로

바오밥나무
속속들이
골짜기마다 골진 마음들
동심과 애환이 묻어나는 그곳

초신성 폭발로
지구가 탄생하면서
밤하늘에 별을 보고
저마다 마음이 먹먹한 것인가?

벙글벙글 바위가
봉긋봉긋
봉오리 펴 보이며
기다린 듯 속살을 드러낸다

비밀의 협곡
문이 열리는 순간!
수많은 세월 속에
쌓인 층들이 만든 걸작들,

거대한 자연 경이로움에
나는 숭배하는 마음으로
태초의 지구를 상상해 보며

얼마나 아름다웠는지
이야기 속으로 깊이 들어서 본다.

해바라기

담장 넘어
세상 이야기들로
초록 물들이는 해바라기

까치발 들고
움쑥움쑥 자라나
까만 동공은
초롱초롱

희망찬 목줄기
튼실하게 올리고
노란 꽃등을 내건다

우리집 수호천사가 되어.

시월의 행렬

계절이 부르는
고운 편지가
살그락살그락 날아든다

뜰팡에 걸터앉은
잎들 사연에
애잔한 해님, 눌러앉으시고
밤이면 달님도 눌러앉으신다

고단한 바람도
내 마음 파고들어 와
숨 고르기 하더니

낙엽인 줄 알고
졸라댄다
가을 행렬에 끼여
가 보자며.

라일락 파란 생애에

참 반갑구나!
너를 볼 수 있어

오랫동안
아픔을 겪는 라일락 네가
염려되어
몇 차례 손톱으로 꼬집어 흔들어 보았지

지난 혹한에
한쪽 팔을 잃고
상심이 컸겠지만
다시 뾰족뾰족
시작하는 파란 생애에
나는 힘찬 박수를 얹어 본다.

숲에서 길을 묻다

들짐승도
나무들도
뚜벅뚜벅
숲을 걷고 있다

외줄기 길을 걷다 보니
철수네 아담한 둥지가 아닌가?
분이가 그림같이 수놓았던
벽보 속에
낯익은 그 집도 만났다

팔부 능선에 닿아서야
구비구비
내려다보이는 인생길,
마음 골에서
엄부렁 덤부렁 불어오는 바람과
한 백년 살고 싶으나

햇살이 내려앉은
저 붉은 강은
건너고 싶지 않네.

숲에서 길을 묻다

제5부

시 한 편 속에서도

꽃등

눈꽃 사이로
복수초, 노란 등 켜 들더니
긴 숨 토해내는 수선화!
힘든 내색 없이
생긋 웃으며 등을 밝힌다

지켜보던 목련!
선망의 갈채 속에서
탐스럽고 뽀얀 자태로
꽃등을 내건다

새악시 볼처럼
뽈그레한 등을 켜 들고
여리디여린 앵초
자늑자늑 걸어 나온다

봄은
가만히 멈춰 있지 않는다.

보리수

신맛 떫은맛
곰삭혀
만삭 몸으로 붉게 내 걸으니

발걸음 잦은 새들은
노랫소리
화음마다 벙긋거린다

제 살
콕콕
떼어낸 자리
금빛 햇살 번지면

유월은
초록빛 나눔으로
담금질한다.

시 한 편 속에서도

글감을
주섬주섬 집어
심안에 들여놓았더니

마디마디가
그 자리엔
자신이 적합하다며
자리다툼에 아우성친다

설 곳이 없는 단어 녀석
퇴출당하고,
자리가 불편한 행은
자리를 박차고

오르락내리락하던 연은
목소리 높이며,
새 글밭에서 함께 뭉쳐보지만
시간이 지나면
떠날 자는 또 떠나가겠지.

고드름

심안에 흐르는
눈물 싫어 사는 집,
처마 끝에
고드름 되어 보니

밖에서 불어오는
매몰찬 바람
뼛속까지 찾아 든다

온몸 던져
뜨겁게 토해낸
울분!
내 안에서 정화되어

버들강아지 허밍 마디에
자늑자늑한 음률!
새롭게 피어나
냉철히 흐르는 실개천

강으로
강으로
물길 따라
계절 따라
사랑 따라서

마음의 꽃들은 활짝 피어나리.

아미산, 매곡산성

전쟁의 요충지 고지에서
누구 하나를
선택할 수 없었던 아미산

어제는 백제
오늘은 신라
내일은 고려의 태조

야욕에 불타는
시달림에도
그들을 품 안에 들여
유구한 세월
묵묵히 멈춰진 매곡산성

소중했던
존재 의식을 허물고
무지한 편리성으로
반월성은 자취만 남아
농로가 부끄러운 듯
오가는 바람에도
풀섶에 얼굴을 가린다

역사의 무덤 앞에서도
깎아지른
절벽 위에 걸린 조각달은
옛 모습 그대로
회인 팔경* 빛을 잃지 않는다.

* 회인 팔경의 으뜸 - (매곡산성) 반월형의 석성

누런 황소와 구름밭

흑쟁이를 걸고
누런 황소가 일궈 놓은
몽실 구름밭
무엇을 심어 볼까

패랭이, 천일홍, 귀비
잔잔한 심성들
둘레길에 촘촘히 앉힌다

낯설음에도
파아란 싹을 틔우는
저 건너 마로니에
하얀 마음을
옮겨 심으면 어떨까?

아늑한 가지에
새들도 고단함 잊고
백 년 둥지 깃털 세상 꿈꾸며

접었던 날개
활짝 펴 보이는 곳으로.

오십보백보가 아닌가

초록이 묻어나는 오월!
때로는 수줍은 듯
귀여운 투정을 부리던
노란 수선화!
느지막이 여유로움을 찾아
이웃 마실 길에 나서 본다

흠뻑스러운 함박꽃과
소담스런 꽃의 무게에
등이 휘어진 하얀 수국 이야기,
아기자기 곱게 단장한 패랭이와
빈틈마저 내 주지 않는 조팝나무 꽃 이야기

화려하게 눈길을 사로잡았던
모란이 한 잎 두 잎 힘없이 떨구는
짧고 아쉬운 삶을 들여다보며

혹독한 꽃샘에 움츠림도
노란 꽃잎을 잃은 슬픔도
잊은 듯, 문 열고 보면
오십보백보가 아닌가?
중얼거리며 가슴으로 안아보는 하루.

넉넉한 숲속의 일상들

하늘길도
육지 길도 봉쇄한다 해도
숲속의 품 안은 늘 열려 있다

그들은 적당한 거리를 원하지
코로나19처럼

간섭과 집착 아닌
자유로운 질서와 배려로
대를 이어

울창한 군락을 이루고
하르르 웃음꽃
메마른 날 없이

너와 내가 아닌
우리라는
향기 나는 가슴에
사랑의 꽃으로 가득 메운다.

역동의 소리를 듣다

요동치는 울림이여!
남태평양 물기둥 속에
불끈 치솟는 용기를 보았느냐?

망망대해 가르고 넘나드는
두 주먹 인생아!
바람의 거친 숨결 따라
끝없이 펼쳐내는 인고의 세월!

천 년 묵은 청룡
승천을 준비하듯
힘차게 푸른 기상으로
희망찬 내일이 꿈틀댄다.

* 2023년 9월 4일 - 남태평양에서

바람의 손과 초록 나비

초록 물결
와아
몰려와
정원 한곳에 눌러앉아

상큼한 웃음소리
내 손 잡아당긴다

바람의 손끝에 선
유월 청 나비
나풀나풀 춤춘다.

농부의 아내

엄지손가락
숨기려 하다
다섯 손가락 펼친다

누가 굳이 묻는다면?

봉숭아 꽃물 아니라
투박한 손톱에
깻잎, 복분자, 블루베리
물든 것은

농부의 아낙에게
자연이 주는 포상
건강한 네일 아트가 아닐지.

너와 내가 공유한다는 것은

아무리
좋은 시어들로
은유 된
훌륭한 보금자리라도

내 안에 갖고 있는
정서와 접목시키지 못한다면
따로따로
건축물이 될 뿐이지

집약적으로
함축하기엔
녹록하지 않은
공법인 도면을 들여다보면서

도전인가
모험인가

가까이하기엔 멀다.

동백꽃

붉은 열정으로
찬란하게 물들었구나!

장렬한 사랑으로
꽃피우다

한 줌
아쉬움도 없이
쏟아내는 너의 영혼 앞에

누굴 위하여
단 한 번도
달궈본 적 없으나

네 곁에 있노라면
차디찬 내 가슴도
뜨거운 전율이 흐른다.

사랑의 회초리

어제도 오늘 같고
내일도 오늘 같은
일상에서

꿈은 꾸어 본 적도
펼쳐 볼 의지도 없이
세월에 묻혀
곤히 잠들려 할 때

푸른 바다
쉼 없이 달려와
출렁이고
포말은 찰싹찰싹 등 때린다

일어나 보라구.

유유히 흐르는 강물처럼

저 강물처럼
유유히
흐르지 못하는 걸까?

나긋나긋하지 못하고
움츠리는 나,
스스로 휘어져 가건만

속속들이
내려놓지 못하고
아직도
전전긍긍하는 거니?

저 바다에 노래 부르며
갈매기 날갯짓이
부드럽게 다가오듯
실타래 같은 춤사위로
풀어내면 되는 것을…

영롱한 빛으로 또 다른 세상이 펼쳐질 텐데.

하늘이 호수에 담긴 날

맑은 호수는
하늘을 힘껏 잡아당겨
품 안으로 넣는다

유유자적
하얀 양떼들과
노는 신선의 구름떼

바람은 시샘이라도
나는 듯
먹구름 몰고 나와
물세례를 퍼붓는다

너나들도 질세라
파문 일으키며
익살스러운 얼굴로
수면 위로 오른다.

마법에 걸린 피반령

하얀 계절이
찬란하게 풀어놓은
미동 없는 세상!
그곳이 천상일지라도

눈으로 보아도
보이지 않는 청맹과니

만져보고 나서야
아!
눈꽃인가?
꽃동산인가?

가슴으로 들여진
마법 시간 위에
그물 치고

하마하마,
멈춰 선 것은 아닌지요.

* 피반령을 넘으며

가을인가 봐

저 높고도 넓은 하늘
말끔히 치우고
누가 파란 물감 올렸을까?

덤불들이
이리저리 구르며
땀방울 범벅이더니…

소슬바람에
살랑대는
길가 코스모스도
생긋이 반긴다

시리도록 상큼한 날
놓칠새라

들숨날숨 이는 고추잠자리
앉았다
날았다
곱게 물드는 계절,

달밤에 기러기 오가는 길도
가을은 그려놓겠지.

기다림의 아침

가뭄은
기다림의 연속이다

토마토 가지 오이에게
갈증 풀어주고
파밭, 흠뻑 적시고 나면

고구마 순도
저쪽 이랑에서
손을 반쯤 들고 나도 나도요
하얀 꽃 자주 꽃
겨우 피워낸
감자의 신음 소리 들으며…

멈춰 선 물푸레
촉촉이 안부 물으며
몽롱한 초록빛 아침을 깨운다.

저물어 가는 하늬바람

조각난
퍼즐처럼
흩어진 삶의 기억들…

하나씩 맞춰 보며
인생의 쓴맛 단맛을
맛보는 것이 아니던가?

다람쥐 쳇바퀴 돌 듯
바람결에 살랑이는
초록빛 일상들이

뉘엿뉘엿
붉게 저물어 갑니다.

| 작품 해설 |

'시리도록 상큼한' 시 마당
- 우종예 시인의 시 세계 -

백운복 문학평론가
서원대학교 명예교수

1.
우리는 왜 시를 쓰고 읽는가. 시의 창작 행위와 독서행위는 어쩌면 인간의 본질적인 성정일 것이다. 굳이 공인된(?) 시인이 아니더라도 사람들은 부단히 시 창작에 대한 열망을 갖고 언어를 만지작거리며, 시에 대한 아무런 공부를 해본 적이 없더라도 시를 읽고 싶어 하는 마음을 자주 느끼며 살아간다.

과연 시가 지니고 있는 '무엇' 때문에 인간은 시에의 열망을 지니고 있는 것일까. 그 신비로운 이끌림의 실체는 무엇일까. 그것은 바로 '감동'이라는 정서라고 생각한다. 다시 말하면 감동이 없는 시는 이미 그 존재 가치가 없는 것이다. '문학은 감동으로 말한다.'는 명제가 자주 언급되는 이유이기도 하다. 아무리 참신하고 개성적인 이미지 구사로 잘 구성된 시작품이라고 하더라도 감동과 거리가 있는 작품이라면, 그것을 좋은 시라고 할 수는 없을 것이다.

그렇다면 시의 무엇이 우리에게 감동을 주는가. 우리가 좋은 시에 감동을 받는 것은 과연 그 시의 어떤 속성 때문인가. 그 신비로운 감동의 실체는 과연 무엇인가. 그것은 수치나 논리로 정리될 수 있는 성질의 것이 결코 아니다. 어쩌면 감동이라는 실체는 논리를 거부하며 언제나 새롭게 다가서는 불가해적인 신비, 그 자체인지도 모르겠다.

2.
우종예 시인의 시 세계를 조망하면서 '감동'이라는 키워드를 공유하게 되는 것은 그녀의 시작품을 독서하면서 도처에서 체감되는 정서이기 때문이다. 우선 다음의 작품을 통해 우종예 시인의 시 마당에서 마주치는 '감동'을 체감해 보기로 하자.

엄마는 들깨 두어 말 이고
나는 병 두 개를 들고
쫄랑쫄랑 따라나선다

벼르고 별러 사 주실
꽃신 속 나비가
나풀나풀 춤추는 날

자판 위의 과자
냉큼, 침 발라 꿀꺽하고
꼬부랑 먹티고개 넘어서면

설레임 가득한 오일장
　　이것저것 사 달라
　　눈 큰 아이 마구 떼쓰면

　　깊숙이 닫혔던
　　엄마 속주머니 춤추듯이
　　장터 구경 나온다.
　　　– 「들기름 짜러 가는 날」 전문

　우종예의 시작품들이 지니고 있는 시적 특질을 단적으로 체감할 수 있는 대표적인 작품이다. 제목에 나타난 바처럼 오일장에 엄마와 '들기름 짜러 가는 날' 겪게 되는 화자의 심정을 진솔하게 표현하고 있다.

　이 작품의 2연 "꽃신 속 나비가/ 나풀나풀 춤추는 날"과 5연의 "깊숙이 닫혔던/ 엄마 속주머니 춤추듯이/ 장터 구경 나온다."라는 부분은 이 시의 우수성은 물론, 우종예 시인의 시적 역량을 단적으로 보여주는 백미의 시적 형상이다. 엄마가 사주실 '꽃신'에 새겨져 있는 '나비'가 미리 나와서 '춤을 추는' 이미지와, 깊숙이 닫혔던 엄마 속주머니 쌈짓돈이 '춤추듯이' 장터 구경 나온다는 이미지 형상은 시적 화자의 들뜬 마음을 동시(童詩)적으로 잘 융화시킨 매우 참신하고 우수한 시적 장치이다.

　게다가 1연의 '들깨 두어 말'과 '병 두 개'의 조화는 물론, 3연의 '자판 위의 과자'를 미리 '침 발라 꿀꺽하고'라는 선체험(先體驗)의 시적 비유는 화자의 들뜬 서정을 잘 표출하고 있으며, 이 작품의 이미지를 부각시키는데 매우 적절한 배경으로 작용한다. 들기름 짜러 가는 엄마 따라 장터에 가는 시적 화자의 서정을 아무런 꾸밈없이 형상화한 순수한 동심의 시 세계에서 우리는 감동을 체감하게 되는 것이다.

앞서 살펴본 「들기름 짜러 가는 날」은 마치 한 편의 동시를 보는 듯하다. 그런데 다음 작품에서는 전혀 다른 모습으로 발휘된 우종에 시인의 시적 역량을 확인해 볼 수 있다.

> 햇살은
> 겨울 구름 밀치고
> 창문 사이로
> 온기를 안고 온다
>
> 깃털보다 가벼운 먼지
> 마음 붙일 곳 없어
> 떠돌다
> 흐르는 시간 위에 무게 싣는다
>
> 동지섣달 세찬 바람
> 문풍지 더듬던 노모의 손길
> 흐려진 기억
> 하나하나 붙잡아 보며
>
> 정결한 칼질 소리에
> 냉이된장국 뽀글뽀글

입맛 돋우니

빈집 떠나지 못한
바람이 된 영혼들!
대청마루 둘러앉아
박장대소
용마루도 껄껄 어깨춤을 춘다.
　　-「영혼을 깨우는 노모의 손길」 전문

　이 작품에서 우리는 이미지의 우수한 조형성과, 이미지들이 상호 조응하는 교향적(交響的) 협연(協演)의 놀라운 형상력을 체감해 볼 수 있다. 사실 '시는 서정(抒情)이다.'라는 말대로 시인은 느끼고 체험한 것을 그대로 서술하거나 설명하는 것이 아니라 어떤 감각적 또는 지적 표상을 통해 간접적으로 표현한다. 다시 말해서 느낀 감정을 어떤 대상을 통해 묘사해 내는 것이 곧 시의 모습인 것이다. 우리가 시에서 이미지를 논하는 것은 바로 이 묘사 때문이다. 관념적이고 추상적인 것이 시작품 속에서 개성적이고 구체적인 것으로 밝혀지고, 그 작품 속에서 만의 독특한 의미를 지니게 되는 것은 바로 이미지를 통해서 가능해진다.

　「영혼을 깨우는 노모의 손길」은 이미지에 대한 다양한 모습을 실천하고 있으며, 그 결과 놀라운 이미지의 가능성과 확장성을 열어 보여주고 있다.

　위 작품의 핵심적 시어와 구절은 5연의 "빈집 떠나지 못한/ 바람이 된 영혼들!"이다. 제목에 암시되어 있듯이 '노모의 손길'이

영혼을 깨운다. 1연은 3연 1~2행으로, 2연은 3연 3~4행으로, 구조적으로 연결되면서 미세한 접속을 이어가고 있다. 즉 1연의 '겨울 구름'은 3연 1행의 '동지섣달 세찬 바람'과 연결되며, 1연의 온기를 안고 오는 '햇살'은 3연 2행의 문풍지 더듬던 '노모의 손길'과 연결된다. 또한 2연의 '흐르는 시간'은 3연 3행의 '흐려진 기억'과 자연스럽게 접목하면서 이 시의 흐름을 유기적으로 구성하고 있다. 그만큼 탄탄한 구성과 섬세한 조직을 갖추고 있는 작품이다.

4연은 '온기'(1연), 흐르는 시간 위에 실린 '무게'(2연), 흐려진 기억에서 붙잡은 '노모의 손길'(3연) 등을 함께 통합한 상징적인 대상으로 형상화된 모습이다. 즉 노모의 정결한 칼질 소리에 뽀글뽀글 입맛 돋우는 '냉이된장국'은 흐려진 기억들 속에서 또렷이 기억되는 대상이며, 시공간을 초월한 공감각적 이미지이며 영원한 현재형으로 살아있는 시적 형상이다.

이 작품의 현실적 공간은 빈집과 노모에 대한 그리움의 정서라고 볼 수 있다. 그러나 5연을 보면 자칫 우울한 정서의 그리움으로 표현될 수도 있는 시적 분위기를 거부하고 있다. 시인은 다양한 이미지의 조형을 유기적으로 협주(協奏)해 내면서 그리움의 정서를 축제의 분위기로 변환시키는 놀라운 시적 변용을 이루어내고 있는 것이다. '바람이 된 영혼들'이 '대청마루 둘러앉아 / 박장대소'하고, '용마루'도 '껄껄 어깨춤'을 추고 있다는 5연은 바로 그 축제의 장 모습을 잘 보여준다.

시에서 이미지는 매우 중요한 시적 장치이다. 그만큼 개성적이고 참신한 이미지는 감동을 준다. 물론 그것이 유기적 의미 형성으로 잘 구성되어야 한다. 위의 작품은 이미지의 특질과 가능성을 잘 보여준 수작이다. 우종예의 많은 작품 도처에서 이미지의 놀라운 모습을 발견하게 된다. 부단한 이론 공부를 통해 이미지 구사를 실험적으로 해내고 있는 시인의 작품에서는 안타깝게도 공허하고 조작된 이미지의 씁쓸함을 감지하게 된다. 그러나 우종예의 시작품에서 체감되는 이미지들은 새롭고 신선함은 물론 천의무봉의 자연스러움이 특징이라고 할 수 있다. 그만큼 창작론을 통해 배운 이미지 구사가 아닌 끊임없는 습작을 통해 스스로 체득한, 그래서 이제는 몸에 배어 익숙해진 그녀만의 시작법일 것이다.

3.

우종예 시인의 시 마당에는 자연 먹거리가 참으로 많다. 그만큼 손수 경작한 먹거리(직접 삶에서 체감한 자연일 것이다)들을 시의 제재로 선택하고 있다. 단순히 눈에 보이거나 상상하는 원재료가 아니라 시인이 직접 체험하는 제재는 그 질과 농도가 다르다. 우종예의 시작품 속에 선택된 제재들은 그만큼 개성적이고 생명력이 넘치는 의미로 언제나 살아 있다. 다양한 제재들이 시인의 서정과 만나면서 새로운 이미지로 의미화하고, 비로소 시작품으로 탄생하면서 감동이라는 열매를 맺고 있는 것이다.

우종예 시인은 자연의 먹거리를 자신만의 독창적인 요리법으로 정갈하고 맛깔스럽게 요리하여 우리에게 상차림(작품)으로 내어놓는다. 다음 작품을 통해 우종예 시인이 정성스럽게 마련한 정찬을 함께 음미해 보기로 하자.

산수유
노란 미소 지으며
노래 부르자 조른다

벤치에 비스듬히 누워
듣는 이가 있든 없든
봄기운에 취해
흥겹게 화음을 넣는다

햇살 가득히 두른
나뭇가지에
나른했던 새들 지저귀고

이산 저산 넘나들며
고운 노랫소리
깨금발 띠고 종종대는 소리

봄바람도 살랑살랑
꽃눈 잎눈 깨우는 소리,
봄 산골짜기마다
향긋한 손짓이라네.
　　– 「노란 선율을 따라」 전문

 '산수유'와 '햇살', 나뭇가지의 '새들', '봄바람', '골짜기' 등을 제재로 하여 봄기운이 스며들기 시작한 정경을 '노란 선율'의 이미지로 정갈하게 노래하고 있다. 1연에서 '노란 미소 지으며/ 노래

'부르자' 조르는 산수유에 대한 감각적 묘사가 이 작품의 분위기를 주도하며 열어가고 있다. 노란 미소 지으며 노래 부르자고 조른다는 표현도 이채롭다. 게다가 2연에서는 산수유 그림자가 "벤치에 비스듬히 누워" "봄기운에 취해/ 흥겹게 화음을 넣는다"로 연결되고 있다. 미소가 노래로, 다시 화음으로 울려 퍼져 나가고 있는 이미지들의 유기적 흐름은 참으로 놀라운 시적 형상이다. 여기에 나른했던 새들의 지저귐까지 보태지면서 온통 빛과 화음의 잔치 마당이 된다.

특히 4연에서 이산 저산 넘나드는 새들의 '고운 노랫소리'를 '깨금발 띠고 종종대는 소리'로 묘사한 것은, 이른바 청각의 시각화라는 매우 참신한 이미지 형상이라고 할 수 있다. 이미 앞서 「들기를 짜러 가는 날」과 「영혼을 깨우는 노모의 손길」의 검토에서 충분히 확인된 바처럼, 우종에 시인은 참신한 이미지의 형상과 그 이미지들을 유기적으로 통합하여 교향적 이미저리의 협주를 구축해 내는 우수한 시적 역량을 지니고 있다. 다음 몇 편의 작품에서 그러한 시적 능력을 좀 더 확인해 보기로 하자.

  시리도록 상큼한 날
  놓칠세라

  들숨·날숨 이는 고추잠자리
  앉았다
  날았다
  곱게 물드는 계절,

달밤에 기러기 오가는 길도
가을은 그려놓겠지.
    - 「가을인가 봐」에서

까치발 들고
움쑥움쑥 자라나
까만 동공은
초롱초롱

희망찬 목줄기
튼실하게 올리고
노란 꽃등을 내건다
    - 「해바라기」에서

눈꽃 사이로
복수초, 노란 등 켜 들더니
긴 숨 토해내는 수선화!
힘든 내색 없이
생긋 웃으며 등을 밝힌다

지켜보던 목련!
선망의 갈채 속에서
탐스럽고 뽀얀 자태로
꽃등을 내건다
    - 「꽃등」에서

참으로 상큼하고 정갈한 감각적 이미지들로 넘쳐나고 있다. 가을을 '시리도록 상큼한 날'로 비유하는가 하면, 고추잠자리 앉았다 날았다 하는 정경을 '곱게 물드는 계절'로, 그리고 '달밤에 기러기 오가는 길'을 '가을이 그려놓는다'라고, 묘사한 감각적 표현은 모두가 신선하고 고운 비유들이다.

「해바라기」에서 보여주는 감각적 이미지들은 의인화와 활유의 수사기법을 자연스럽게 접목한 생생한 비유이다. '까치발 들고' 움쑥움쑥 자라난다거나, 초롱초롱한 '까만 동공', '희망찬 목줄기' 등과 같은 비유는 해바라기라는 제재에 대한 시적 화자와의 신선한 매듭짓기이며 새로운 의미화이다.

「꽃등」에서는 제재들이 함께 호응하며 살아있는 생생한 모습이 잘 묘사되어 있다. 노란 등 켜 들고 눈 사이로 올라오는 '복수초'와 생긋 웃으며 등을 밝히는 '수선화', 그리고 탐스럽고 뽀얀 자태로 꽃등을 내거는 '목련'의 묘사는 마치 소박하고 아름다운 작은 정원을 연상하게 한다. 그만큼 생동감 있고 신선한 이미지들의 장마당이 우종예 시인의 시편들에 넘쳐나고 있음을 알 수 있다.

4.
한때 어른을 위한 동화가 유명 시인과 작가들에 의해 창작되어 독자들에게 새로운 정서를 안겨주기도 했다. 사실 시심(詩心)은 동심(童心)에서 발현되는 정서일 것이다. 우종예의 많은 시는 어른을 위한 동시처럼 동시(童詩)의 서정과 아름다움을 시의 그릇에 담아놓은 듯하다. 그래서 우종예의 시들은 순진무구하고, 천진난만하여 착하다. 고도의 수사나 난해한 시적 장치들을 전혀 사용하지 않는다. 꾸밈이 없으며 그저 자발적으로 흘러 넘쳐 나오는 정서를 시어에 담아 빚어낼 뿐이다. 이처럼 그녀의 시들은 '고운'이란 아호처럼 순수하고 곱다.

그토록 동심 어린 시심으로 시 창작을 하는 우종예 시인이 갖춘 시적 역량은 무엇보다도 참신한 이미지의 우수한 조형성이다. 우리는 그녀의 시 마당을 거닐면서 이미지 구사의 무한한 가능성과 확장성을 볼 수 있으며, 유기적 의미 형성을 통해 조화롭게 연주하고 있는 교향적(交響的) 이미저리의 협연을 체감할 수 있다.

그렇지만 거칠고 투박한 그릇도 거기에 맞는 용도가 있듯이 새로운 시 세계로의 비상도 때로는 필요하다. 이를 위해 더 넓고 더 높은 서정의 자유를 누려보기를 바란다. 비록 비상 후에 다시 '동화 속 하늘 마당'으로 내려앉아 장터의 시 마당에서 고운 시 창작을 하더라도 한 번쯤의 비상이 필요한 때라고 생각한다. 그것을 위해 이제 잠시 우종예 시인은 서정의 무한 자유를 좀 더 만끽하면서 다양한 형태의 시 짓기에 빠져볼 필요가 있다. 그러면 시인 자신도 새로운 시 세계의 놀라움을 체험하게 될 것이다. 더 높이 더 멀리 비상하여 우리에게 또 다른 놀라운 감동을 선물해 줄 앞으로의 작품을 기대한다.

숲에서 길을 묻다
우종예 제3시집

발 행 일	2024 11월 21일
지 은 이	우종예
발 행 인	李憲錫
발 행 처	오늘의문학사
출판등록	제55호(1993년 6월 23일)
주　　소	대전광역시 동구 대전로 867번길 52(삼성동 한밭오피스텔 401호)
전화번호	(042)624-2980
팩시밀리	(042)628-2983
카　　페	http://cafe.daum.net/gljang(문학사랑 글짱들)
인터넷신문	www.k-artnews.kr(한국예술뉴스)
전자우편	hs2980@daum.net
계좌번호	농협 405-02-100848(이헌석 오늘의문학사)
공 급 처	한국출판협동조합
주문전화	(02)716-5616
팩시밀리	(02)716-2999

ISBN 979-11-6493-353-2
값 15,000원

ⓒ우종예 2024

* 이 책의 판권은 저작권자와 오늘의문학사에 있습니다.
* 이 책은 ㈜교보문고에서 E-Book(전자책)으로 제작·판매합니다.
* 잘못 만들어진 책은 구입하신 서점에서 교환해 드립니다.

* 이 책은 충청북도, 충북문화재단의 후원을 받아 발간되었습니다.